I0820560

LOS LUGARES DE MI COMUNIDAD

EL BANCO

Piper Whelan

LIGHTBOX
openlightbox.com

LIGHTBOX

Entre a
www.openlightbox.com
e ingrese el código único
de este libro.

CÓDIGO DE ACCESO

LBXU4334

Lightbox es una completa solución digital para enseñar y aprender temas curriculares de una manera original e innovadora. Lightbox se basa en las Normas Curriculares Nacionales.

OPTIMIZADO PARA

- ✓ **TABLETAS**
- ✓ **PIZARRAS ELECTRÓNICAS**
- ✓ **COMPUTADORAS**
- ✓ **¡Y MUCHO MÁS!**

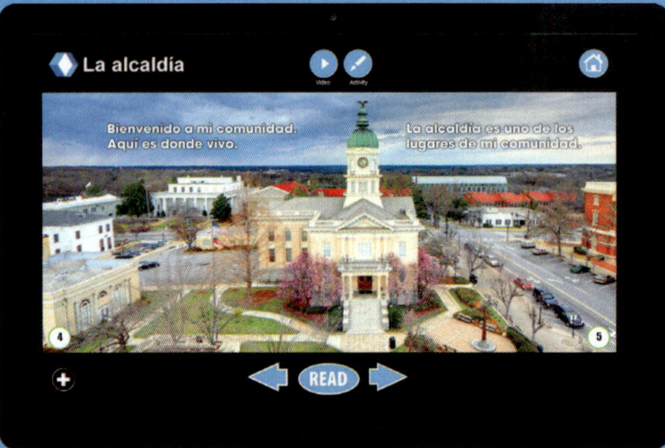

CARACTERÍSTICAS ESTÁNDAR DE LIGHTBOX

 **AUDIO** Narraciones de alta calidad con sistema de texto a voz

 **VIDEOS** Videoclips de alta definición incorporados

 **ACTIVIDADES** PDFs imprimibles que pueden enviarse por correo electrónico y calificarse

 **ENLACES WEB** Enlaces cuidadosamente seleccionados con recursos seguros para niños

 **PRESENTACIÓN EN DIAPOSITIVAS** Ilustraciones gráficas de los conceptos clave

 **MAPAS INTERACTIVOS** Mapas interactivos e imágenes satelitales aéreas

 **CUESTIONARIOS** Diez preguntas de elección multiple con puntaje automático que se envían por correo electrónico al docente para su evaluación

 **PALABRAS CLAVE** Combinación de los conceptos clave con sus definiciones

VIDEOS

ENLACES WEB

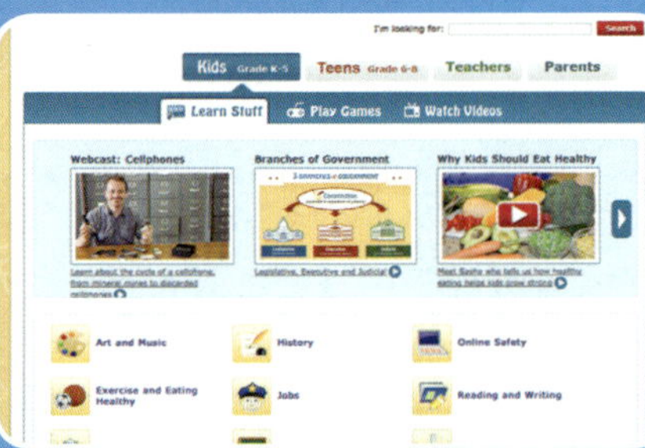

PRESENTACIÓN EN DIAPOSITIVAS

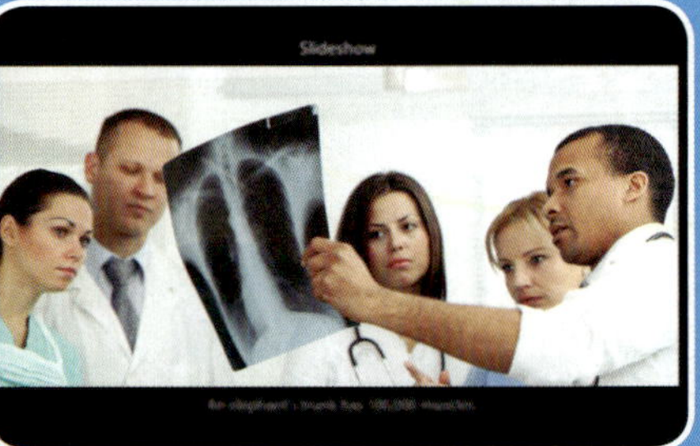

CUESTIONARIOS

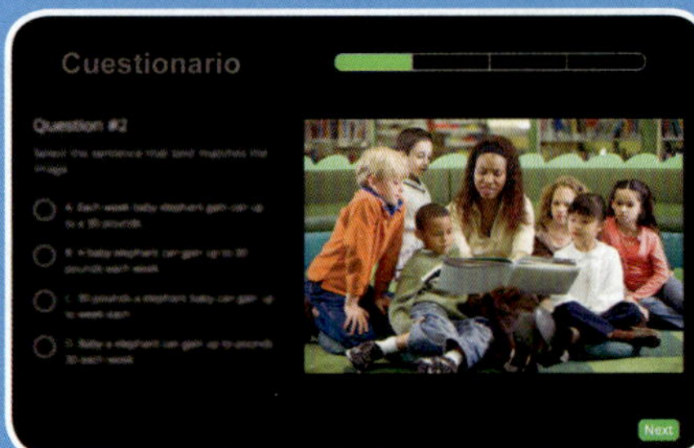

EL BANCO

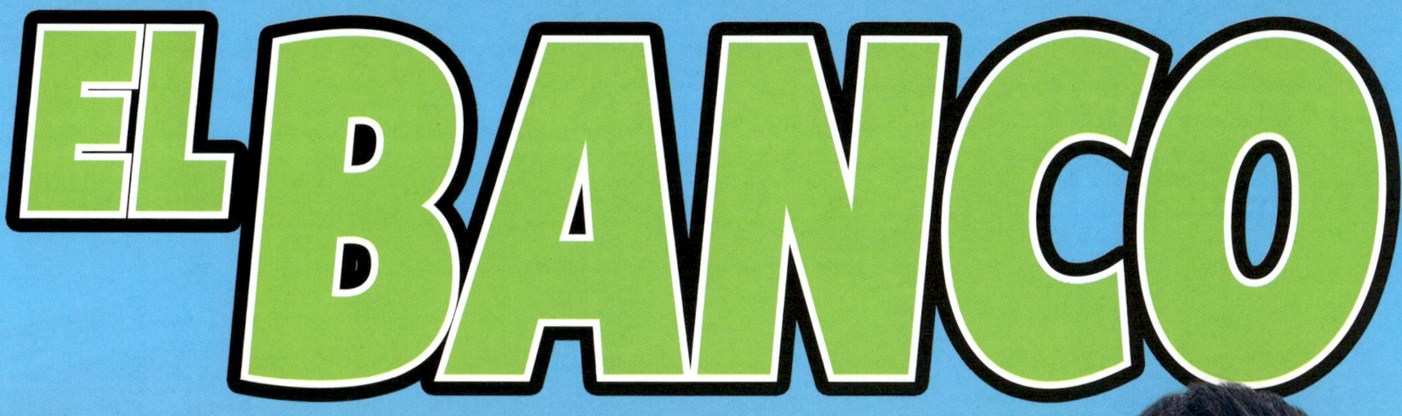

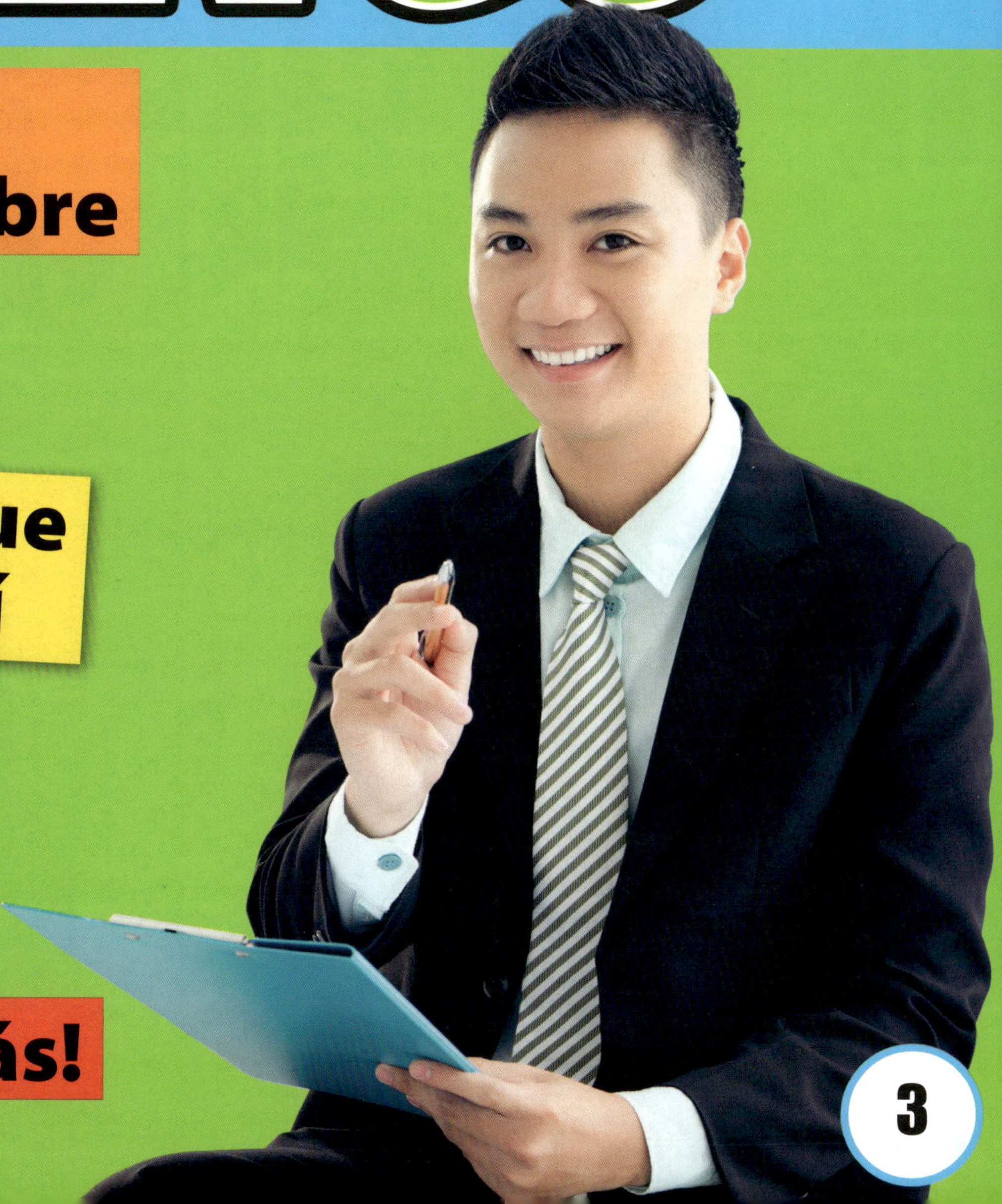

En este libro aprenderás sobre

los bancos

la gente que trabaja allí

por qué son importantes

¡y mucho más!

Bienvenido a mi comunidad. Aquí es donde vivo.

El banco es uno de los lugares de mi comunidad.

TALK
ENJOY
REWARD
yourself when you bank with us.
LEARN
the importance of an early start to financial freedom.
T1
T2
T4
T3
T6
P5
P6
P2
6

El banco le ofrece a la gente una cuenta. Una cuenta es un lugar seguro donde guardar el dinero.

La gente puede depositar dinero en su cuenta o retirarlo.

El **primer banco** de los Estados Unidos se abrió en **Filadelfia**, Pensilvania, en 1782.

Los cajeros ayudan a la gente a obtener el dinero de sus cuentas.

El cajero cuenta el dinero para verificar que sea el monto correcto.

En los Estados Unidos hay más de **90.000** bancos.

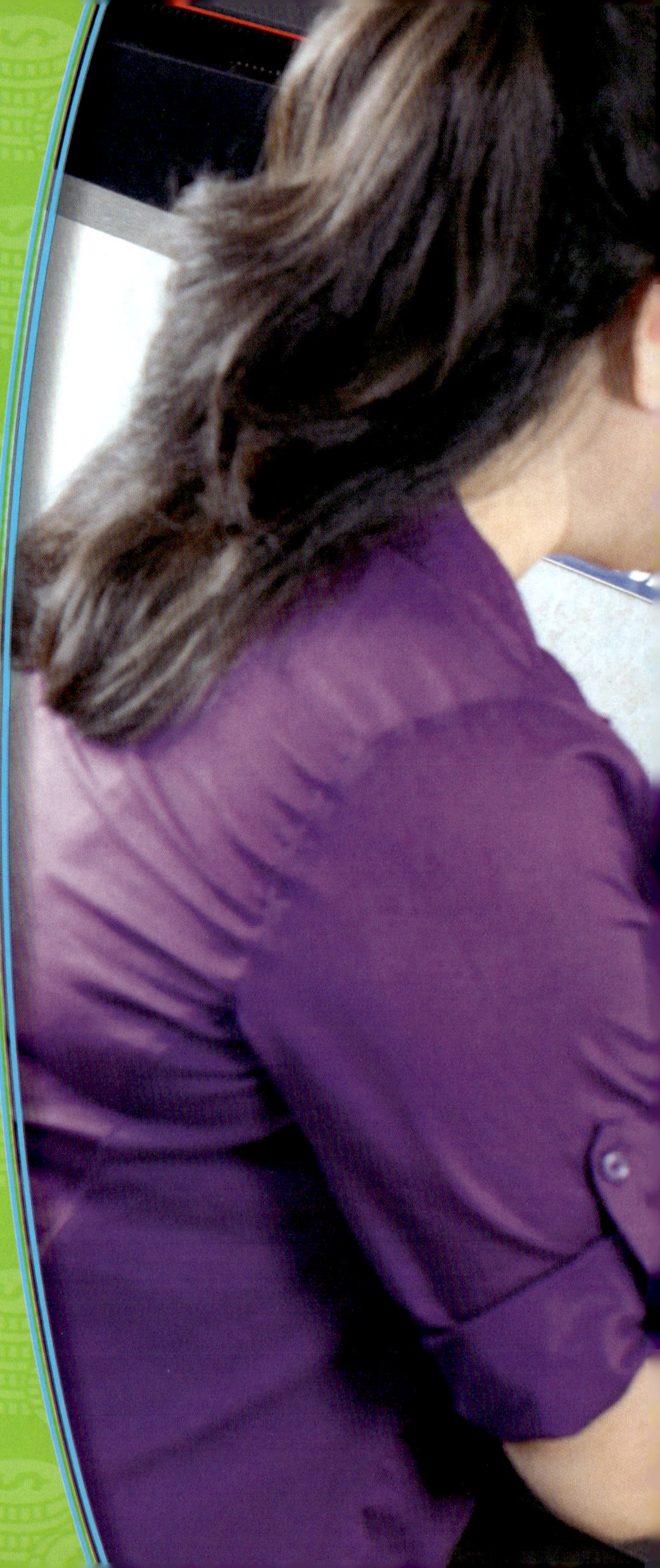

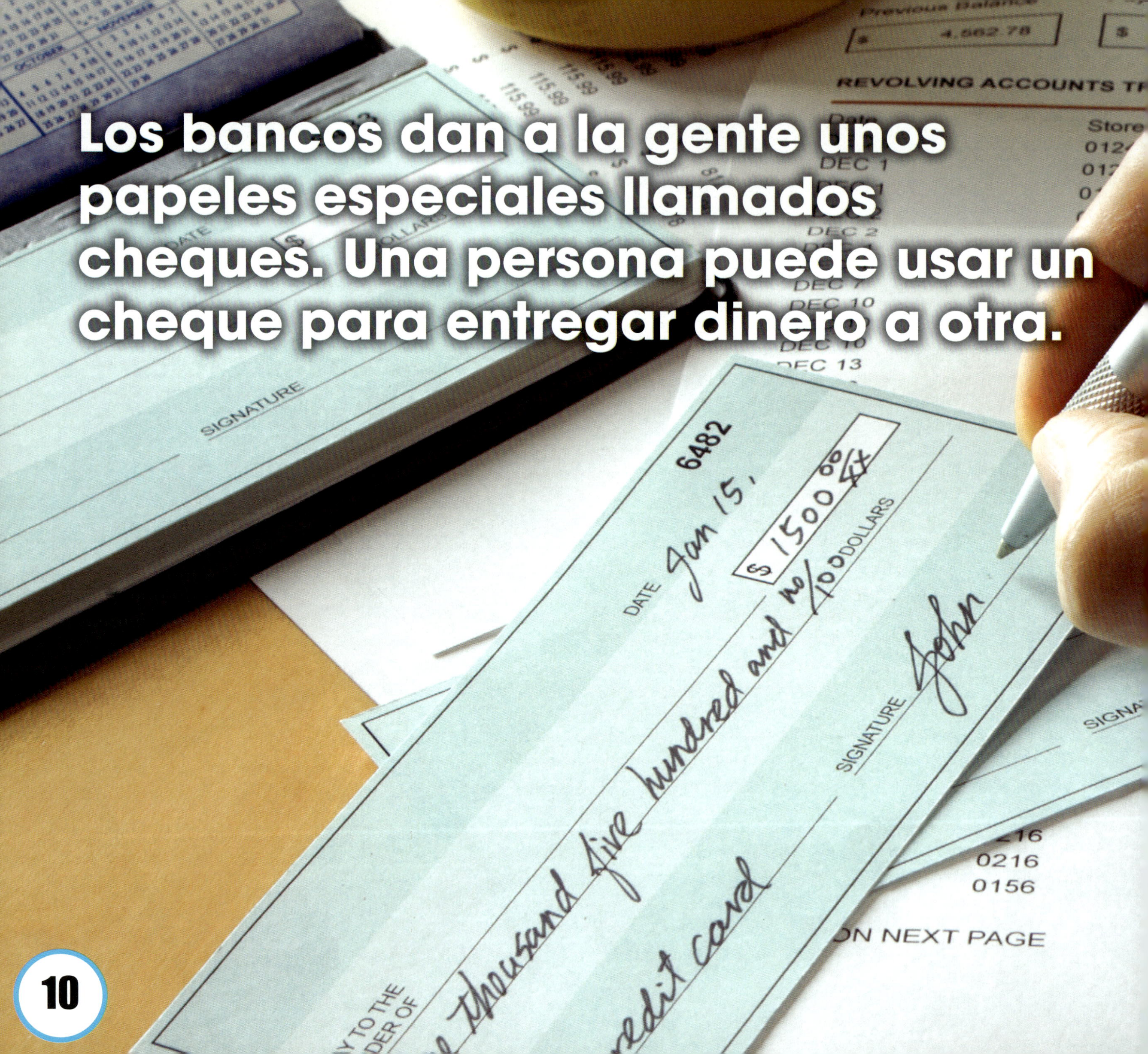

Los bancos dan a la gente unos papeles especiales llamados cheques. Una persona puede usar un cheque para entregar dinero a otra.

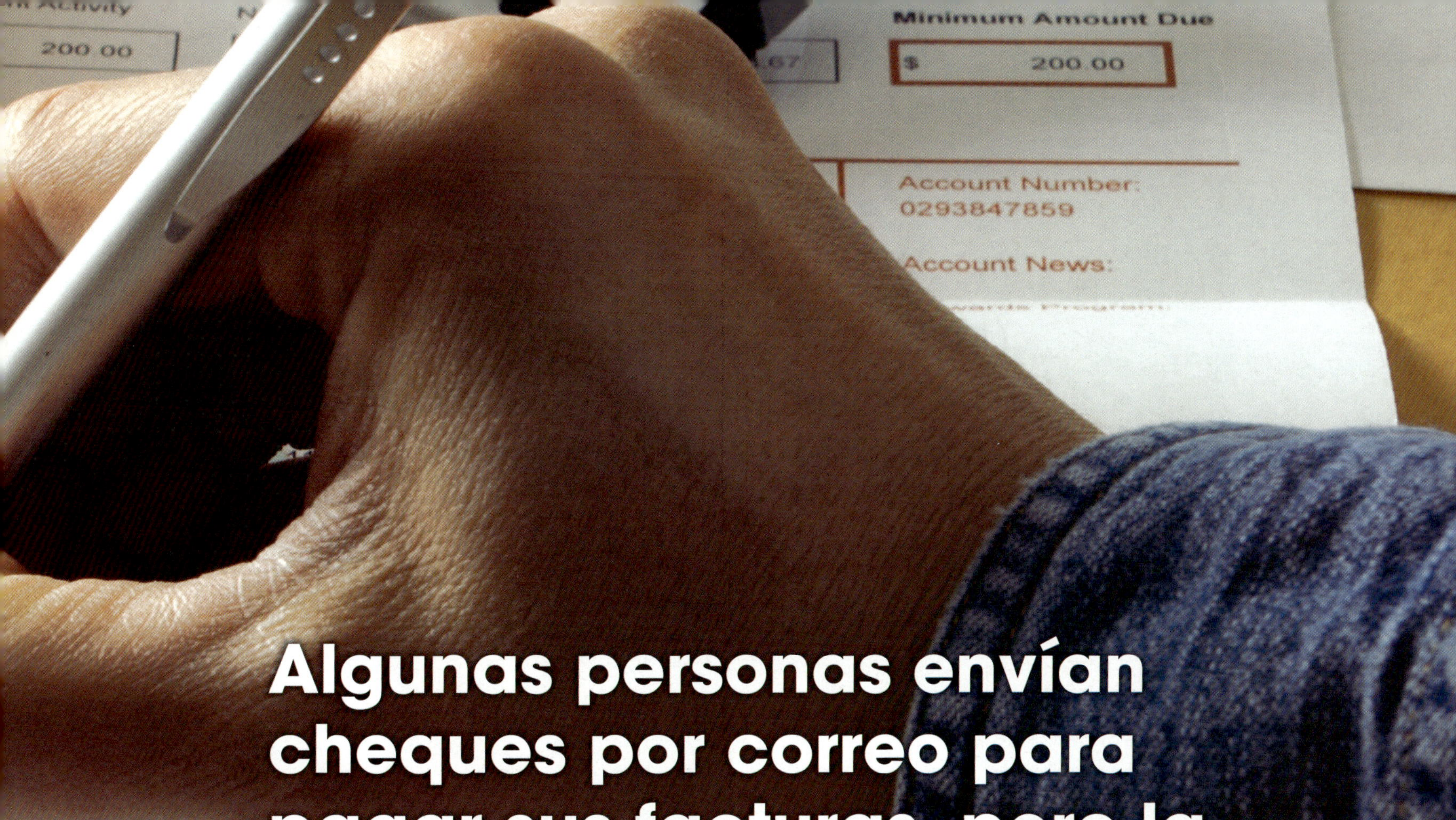

Algunas personas envían cheques por correo para pagar sus facturas, pero la mayoría las paga por Internet.

CHECK CARD
Receipt
Audio

Los bancos tienen máquinas especiales llamadas cajeros automáticos.

La gente usa unas tarjetas bancarias de plástico para sacar dinero de un cajero automático.

El **primer cajero automático** de los Estados Unidos se instaló en el Chemical Bank de Nueva York.

El banco puede ayudar a la gente que se va de viaje.

Puede cambiar dólares estadounidenses por la moneda de otros países.

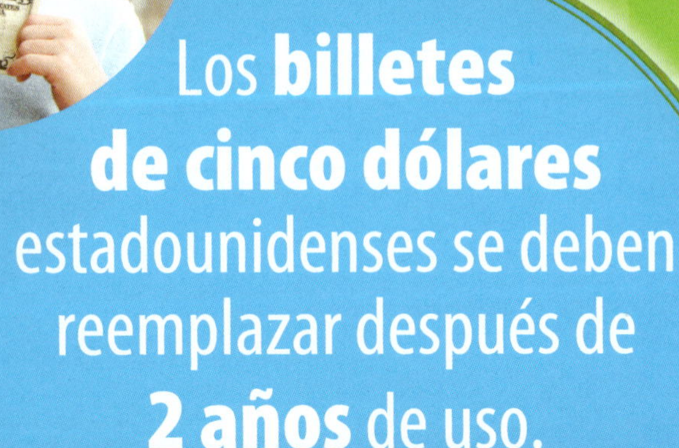

Los **billetes de cinco dólares** estadounidenses se deben reemplazar después de **2 años** de uso.

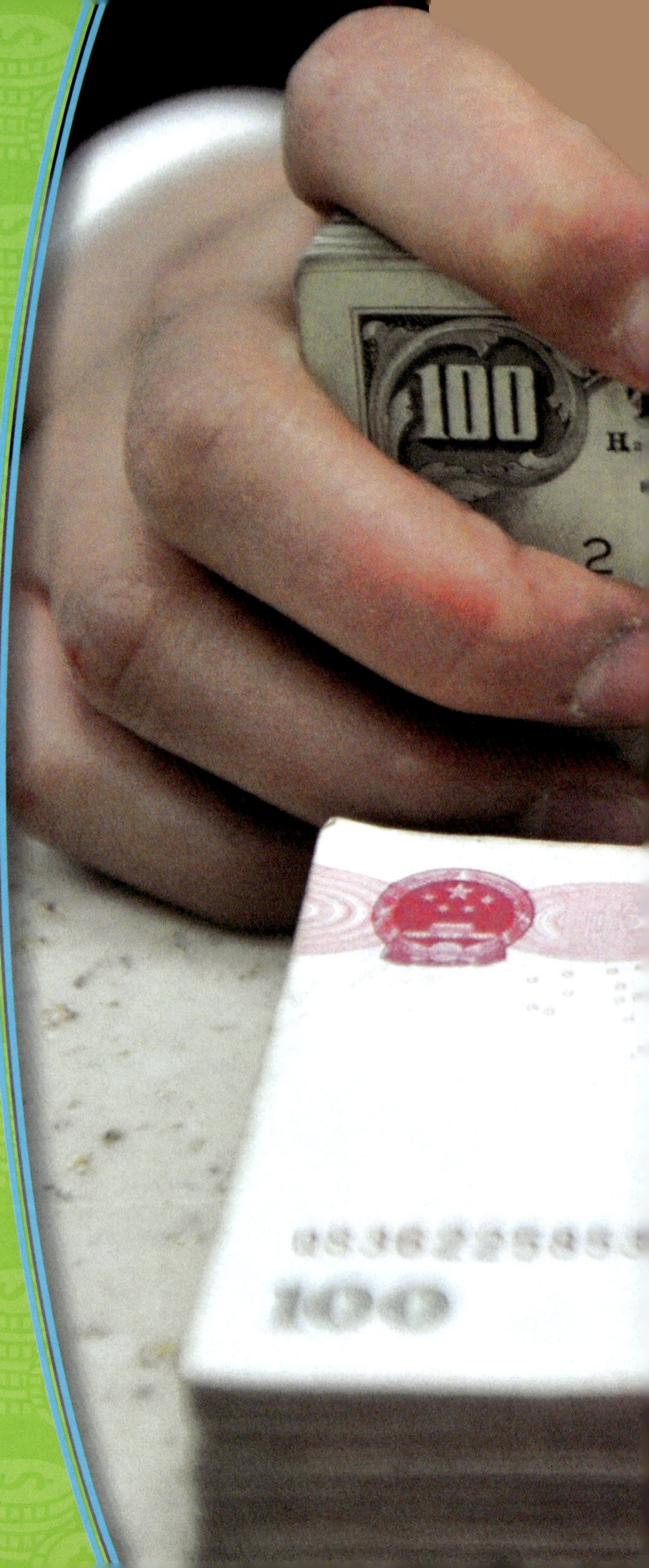

UNITED STATES OF
NOTE IS LEGAL TENDER
DEBTS, PUBLIC AND PRIVATE
B
523037F
WASHINGTON
SERIES 1990
100

Los asesores bancarios ayudan a la gente a planificar cómo ahorrar y gastar su dinero.

La gente también puede recurrir a un asesor para pedir dinero prestado. Los bancos pueden prestarles el dinero que necesitan para comprar una casa.

Con mi clase, iremos de excursión al banco.

Tal vez podamos ver una caja fuerte por dentro. Allí es donde se guarda el dinero de la gente.

Bank of America C

El banco puede organizar eventos especiales en mi comunidad. Con estos eventos se recolectan fondos para las personas necesitadas.

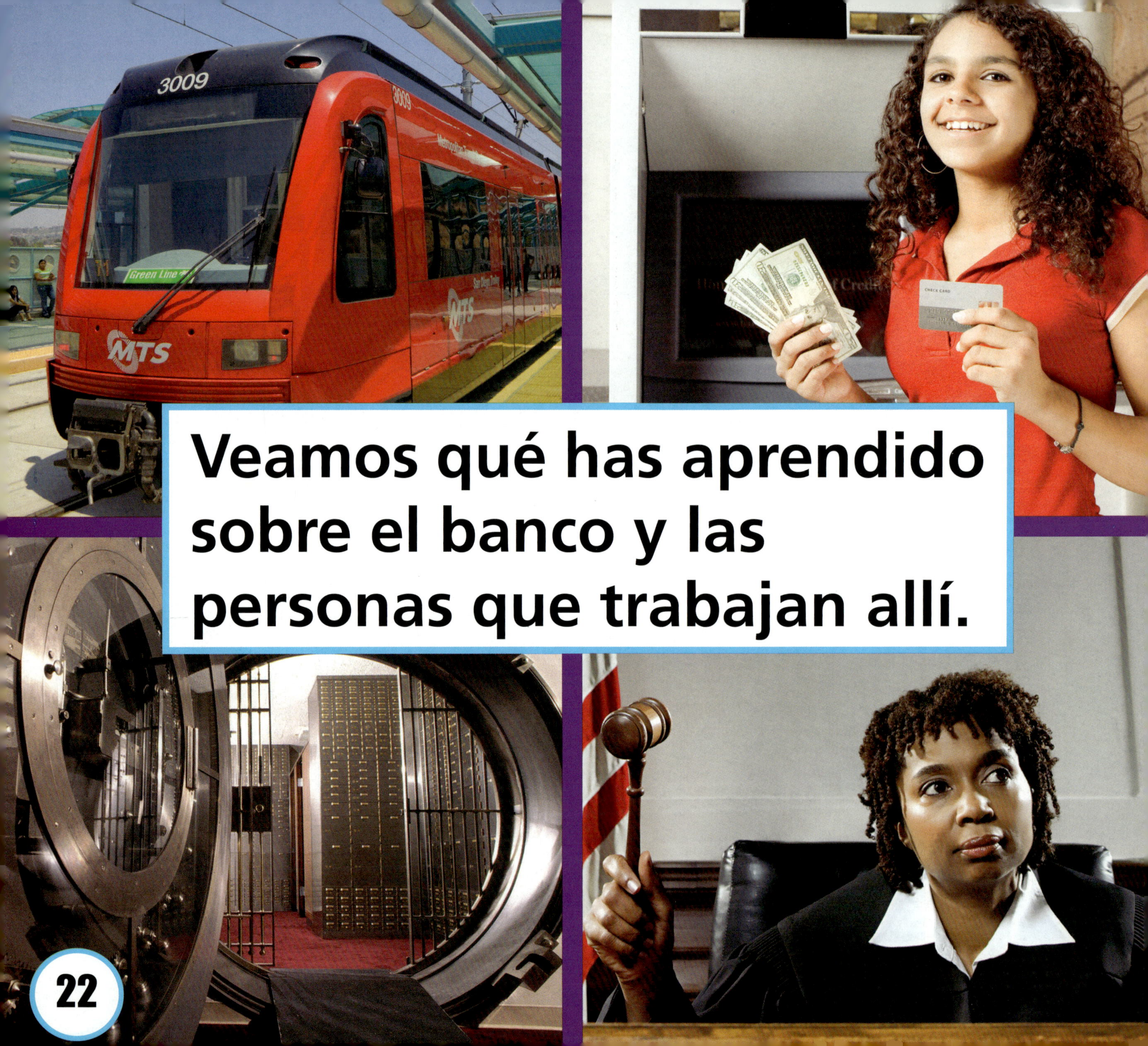

Veamos qué has aprendido sobre el banco y las personas que trabajan allí.

¿Cuáles de estas imágenes no muestran a un banco?

Published by Smartbook Media Inc.
350 5th Avenue, 59th Floor New York, NY 10118
Website: www.openlightbox.com

Library of Congress Control Number: 2017961958

ISBN 978-1-5105-3364-6 (hardcover)
ISBN 978-1-5105-3365-3 (multi-user eBook)

Printed in the United States of America in Brainerd, Minnesota
1 2 3 4 5 6 7 8 9 0 22 21 20 19 18

022018
011518

Spanish Project coordinator: Sara Cucini
Spanish Editor: Translation Services USA
English Project coordinator: Jared Siemens
Designer: Ana María Vidal

Every reasonable effort has been made to trace ownership and to obtain permission to reprint copyright material. The publisher would be pleased to have any errors or omissions brought to its attention so that they may be corrected in subsequent printings.

The publisher acknowledges Alamy, Getty Images, and iStock as its primary image suppliers for this title.